AF563930

AZUR LE PAGE

ET LA

FÉE CANDOUR

CORBEIL. — TYP. ET STÉR. DE CRÉTÉ FILS.

AZUR LE PAGE

ET

LA FÉE CANDOUR

PAR CANDORÉ

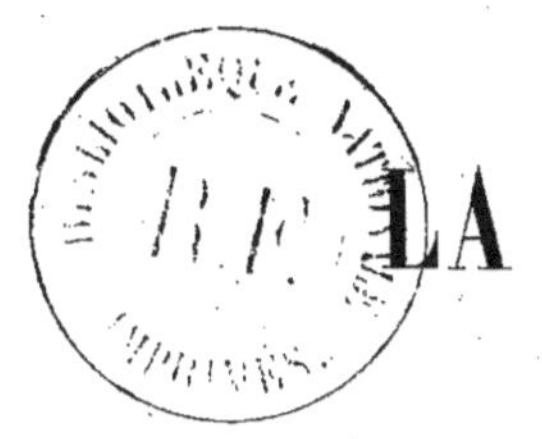

ILLUSTRÉ PAR Mme ESTHER DE RAYSSAC

PARIS

LAPLACE, SANCHEZ ET Cie, LIBRAIRES-ÉDITEURS

3, Rue Séguier, 3.

1874

AZUR LE PAGE

ET LA

FÉE CANDOUR

INTRODUCTION

Parmi les fées qui gouvernaient autrefois la terre, la plus jeune se nommait Candour ; son innocence et sa gaieté la faisaient aimer ; une grande bonté, de la sagesse toujours mêlée de charme, achevaient de la rendre une des premières personnes du monde.

Candour avait le visage d'une parfaite beauté,

avec la taille d'une enfant; ses cheveux blonds flottaient sur sa robe blanche brodée d'or; une couronne de roses ceignait sa tête, et son sceptre était tenu par de petites mains qui semblaient le caresser.

Elle s'était vue, malgré sa jeunesse, à la tête des plus grands royaumes, mais la haine des mauvais génies l'en avait successivement chassée. La fée Nigrane avait envahi ses États, de sorte que la bonne Candour en était réduite à régner sur un très-petit nombre de sujets.

Son dernier royaume était florissant, nul ne fut

mieux gouverné; la reine, jugeant que l'enfance est faite pour le bonheur, avait doué ses sujets de jeunesse sans fin : c'était merveille de voir tout un peuple frais, rose, sans rides, où les grand'mères avaient encore quinze ans.

Candour veillait avec inquiétude sur son petit État; elle l'avait entouré d'une forêt enchantée, habitée par des fées de ses amies; elle avait même élevé une grille d'airain fermée par de grosses portes, de peur des invasions.

A l'intérieur, la Néolie présentait l'aspect d'un vaste jardin. Les roses y fleurissaient pêle-mêle avec les orangers, les jacinthes et les lis; l'air embaumait dans un printemps continuel. Candour faisait éclore les fruits et les fleurs en telle abondance, que les maisons des Néoliens, recouvertes de guirlandes grimpantes, semblaient toujours ornées pour une fête. La vie était si douce dans cet heureux pays, que les habitants se réjouissaient sans cesse d'avoir une reine-fée pour les gouverner.

Adorée de ses sujets, Candour avait encore senti le besoin d'une affection particulière; elle s'était attachée à son filleul, un petit orphelin devenu son page et son ami. Azur, élevé par la reine, était un modèle de grâce, de douceur, de vraie bonté; il aimait Candour de toutes ses forces avec une reconnaissance sans bornes. De son côté, la fée avait tant de tendresse pour son page, qu'elle déposait la majesté de son rang pour jouer avec lui à la course, au volant, à la chasse aux papillons. Sitôt le jeu fini, Azur reprenait la soumission respectueuse d'un fils pour une mère très-aimée.

La reine Candour voulut faire un don à son filleul qui surpassât tous ceux que font d'ordinaire les fées lorsqu'elles sont marraines; elle pria le roi des Génies de venir à son aide. Ce grand maître du monde aimait particulièrement Candour; il lui remit en cette occasion une lyre d'or qu'il estimait la huitième merveille du monde; elle résonnait toute seule sous les doigts, inspirant à son possesseur les plus beaux chants. Candour en fit don à son filleul, et ce fut un présent digne d'elle et de lui.

Comme Azur avait naturellement la voix belle, il chanta de suite en s'accompagnant sur sa lyre de façon à ravir tous ceux qui l'écoutaient. Candour ne se lassait pas de l'écouter, elle passait de longues heures à l'entendre, assis près de son trône, et si parfois elle interrompait le chant, c'était pour s'écrier qu'Azur avait attendu la lyre d'or pour montrer son génie.

Ainsi, Candour régnait heureuse près de son filleul; heureuse par lui, heureuse par son peuple qui la chérissait, et l'immortalité lui eût été douce ainsi remplie, si de nouveaux malheurs n'étaient venus la frapper.

Un jour, son capitaine des gardes négligea de fermer les portes de fer qui garantissaient les frontières de la Néolie; la fée Nigrane, ambitieuse de saisir ce dernier asile de la beauté, pénétra jusqu'au milieu de la ville avec ses soldats, ses machines, avant que Candour ait pu songer à se défendre. En toute hâte, elle rassembla les forces de son petit royaume qu'elle arma de talismans.

Une grande bataille eut lieu : d'un côté, les Néoliens, armés de roses magiques, combattaient avec Candour à leur tête, montée sur une chèvre fée; de l'autre, Nigrane, vêtue d'une armure en acier, avec sa haute couronne fumante, commandait ses troupes de vieillards rabougris, qui n'eussent pas été fort à craindre sans les machines à vapeur qu'ils dirigeaient habilement.

La victoire resta indécise tout un jour, car les roses de Candour frappaient de mort en éteignant le feu; mais, vers le soir, le ciel s'obscurcit, des mauvais génies parurent dans les airs à travers des nuages de fumée; ces alliés de Nigrane lancèrent partout tant d'étincelles, de fusées, voire même de pétrole, que les roses magiques ne suffirent plus, et Nigrane triompha; la reine Candour se vit prisonnière dans les mains de sa plus cruelle ennemie.

Le premier soin de la fée victorieuse fut de changer l'aspect de la Néolie; les rosiers disparurent pour faire place à des pommes de terre, les palais fleuris devinrent des usines, les arbres furent rasés, et quelques-uns furent changés en cheminées à vapeur qui remplirent la ville de fumée noire. Un édit fut lancé pour défendre aux habitants de rire ou de chanter, sous peine de mort; c'était bien inutile, hélas! ils pleuraient tous. Pour comble de misère, Nigrane avec sa baguette changea les jeunes visages des Néoliens en figures flétries; leurs cheveux blonds devinrent blancs, ils se virent semblables aux affreux sujets de Nigrane, et leurs cris de désespoir remplirent la ville; c'en était fait, le dernier royaume de Candour était envahi!

CHAPITRE PREMIER

ADIEUX

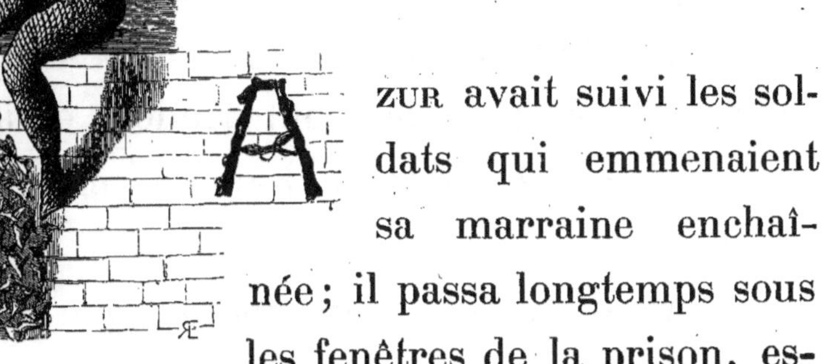

Azur avait suivi les soldats qui emmenaient sa marraine enchaînée; il passa longtemps sous les fenêtres de la prison, espérant y pénétrer. Cependant le soir vint, et comme il vit qu'on le remarquait, le pauvre page désolé fut chercher asile chez des amis, se promettant de revenir le lendemain dès l'aurore.

Bluet et Bruyère, l'écuyer et la dame d'honneur de Candour avaient toujours été ses meilleurs compagnons. Il les rencontra fuyant les soldats de Nigrane : tous trois parvinrent à se réfugier chez Bluet où ils résolurent de vivre ensemble. Là, ils mêlaient leurs plaintes, leurs regrets, aux transports de leur amitié ; Azur ne les quitta que pour aller à la recherche de la reine.

Ce fut en vain tout le jour ; mais enfin, vers le soir, tandis qu'Azur se lamentait sous les murs de la prison, il entendit une voix qui l'appelait ; Candour parut à une fenêtre grillée, toute étroite et si haute, qu'Azur, en grimpant le long de la muraille, eut grand'peine à s'en approcher. Ils purent cependant se parler, malgré les chaînes qui retenaient Candour en arrière.

— « Marraine, enseignez-moi le moyen de vous délivrer.

— « Me délivrer !.... ah ! tout ce que je vois dans l'avenir, c'est que Nigrane me réserve un sort plus cruel encore...

— « Que deviendront alors vos sujets ? Marraine, que vais-je devenir si vous êtes malheureuse ? — Je vous en supplie, donnez-moi l'espérance de vous voir libre ; servez-vous de moi...

— « Azur, je n'ai pas le courage de dire : résignez-vous. Non, malgré tant d'obstacles, si votre fidélité est constante, si vous êtes inébranlable dans le dessein de me sauver...

— « Parlez sans douter de moi; il n'est rien qui puisse m'arrêter : dites, que faut-il faire? »

Un bruit de roues qui se fit entendre causa un tressaillement à la reine.

— « On vient, sauvez-vous, » s'écria-t-elle. — « La lyre d'or, votre courage, voilà vos seules armes pour me secourir. »

La voix de Candour fut couverte par celle de Nigrane qui parut, montée sur une machine à vapeur. Azur se cacha précipitamment dans un enfoncement du mur.

— « Ah! vous croyez m'échapper! » dit la fée de sa voix sifflante, « je vais vous envoyer si loin que vous n'y pourrez plus songer. »

Nigrane agita sa baguette, aussitôt Candour se trouva transportée sur la machine dans les mains de quatre vieillards. La jeune reine, tournant ses yeux vers son filleul, eut à peine le temps de crier adieu, car la machine infernale partit à toute vitesse, l'emportant au loin.

Azur resta quelques instants immobile de douleur.

Sa chère marraine, sa reine bien-aimée lui était enlevée au moment même où il venait d'entrevoir l'espérance de l'arracher à Nigrane; peu à peu il songea qu'en restant là il s'exposait à être saisi, et que ce serait perdre toute chance de revoir Candour. Il courut vers ses amis, désolé.

Après s'être affligés ensemble du nouveau malheur de la reine, Azur surmonta son chagrin et dit :

— « Que sert de pleurer? il faut être courageux et secourir Candour à tout prix. Puisque cette terrible machine l'a enlevée, je vais partir à sa recherche; le monde est grand, mais je ne m'arrêterai pas jusqu'à ce que j'aie trouvé notre reine. »

Bluet et Bruyère ne le détournèrent pas de son projet, ils se sentaient atteints déjà par le pouvoir de Nigrane ; Azur reconnut le changement de leurs visages ; Bluet était vieilli, hélas ! Seul, le jeune page était resté le même.

— « Pars donc, » lui dirent ses amis, « pars, avant de subir la puissance maudite qui nous accable. »

Azur avait laissé sa lyre d'or à l'ancien palais, aujourd'hui dévasté ; les dernières paroles de Candour la lui rendaient plus précieuse que jamais, et d'ailleurs, pouvait-il partir sans un moyen de gagner sa vie ? Avec sa lyre, il espérait toucher le cœur des étrangers et se les rendre favorables.

Il parvint, non sans peine, à s'introduire dans les ruines où il découvrit sa lyre d'or gisant parmi les décombres ; l'ayant prise, il s'enfuit en toute hâte jusqu'à une porte de la ville qui donnait dans la forêt.

Là, plusieurs Néoliens l'attendaient, Bluet avait amené à son ami la chèvre blanche de Candour, celle-là même qui lui avait servi de monture dans la bataille.

— « Azur, » dit l'écuyer, « nous mettons en toi notre dernière espérance : puisses-tu retrouver notre reine

Candour!... tu vois nos visages flétris, tu vois notre sort; nous allons t'attendre en suppliant le ciel de te ramener avec notre fée bien-aimée. »

Ils s'embrassèrent tous en pleurant. « Adieu, » disait Azur, « espérons, nous reverrons Candour, car je la chercherai par toute la terre. »

Ils échangèrent une dernière caresse, puis Azur partit au galop; il perdit bientôt de vue les Néoliens; son ami Bluet le dernier agitait encore son chapeau en signe d'adieu.

CHAPITRE II

LA FORÊT

Azur, monté sur sa chèvre blanche, s'éloigna rapidement du royaume de Néolie ; la grande route qu'il parcourut était solitaire ; bientôt il atteignit un bois épais où la chèvre s'engagea résolûment.

Après cinq heures de course, cette jolie chevrette sentit de la fatigue (quoique fée par son origine); Azur mit alors pied à terre : il tira de sa poche les provisions qu'il avait emportées, les mangea, puis il se mit à réfléchir.

— « Me voici seul, » se dit-il ; « j'ignore où je dois aller chercher Candour ; — quand je serai sorti de ce bois, il faudra gagner ma vie ; eh bien, je vais étudier de jolis airs pour ce moment-là. »

Le jour tombait ; la solitude était grande, et le silence n'était troublé que par le bruit des feuilles tombant à terre ; le petit page se sentit moins seul en accordant sa lyre. Rassuré par ces sons amis, il se leva debout pour chanter ; l'air qu'il choisit était celui que préférait Candour, aussi sa voix avait-elle l'émotion d'un souvenir.

A peine eut-il commencé, que plusieurs oiseaux vinrent se poser près de lui pour l'écouter.

— « J'ai des auditeurs, » se dit Azur, « j'en aurai de meilleurs à la ville ; ce qui plaît aux oiseaux de la forêt plaira bien plus aux hommes. »

En attendant, il fit de son mieux pour contenter les oiseaux : ceux-ci, excités par la voix d'Azur, se mirent à fredonner ; bientôt ce fut tout un concert, car les oiseaux s'étaient appelés les uns les autres ; Azur au milieu d'eux était charmant à voir.

Sa taille était celle d'un enfant; le teint de son visage avait la transparence de l'albâtre; deux yeux bruns très-vifs contrastaient avec les boucles blondes de sa chevelure; il avait une tunique bleu de ciel et de petits brodequins d'or.

Lorsqu'il eut chanté, Azur caressa les oiseaux qui s'étaient posés près de lui et que son chant avait apprivoisés; les uns sur son épaule, les autres sur sa lyre d'or, voletaient en gazouillant.

— « Mes amis ailés, » leur dit Azur, « vous devriez me conduire vers un ruisseau; j'ai grand' soif, et mon gosier s'est desséché à chanter pour vous. »

A ces mots, deux mésanges l'attirèrent par la manche, un bouvreuil par la ceinture, pendant que dame fauvette posée sur sa main étendait les ailes dans la même direction; Azur se laissa guider, sa chèvre aussi; ils allèrent par un joli sentier dans une place couverte de mousse, ombragée d'un grand chêne; il faisait presque nuit; la surprise d'Azur fut extrême lorsqu'il vit une illumination de vers luisants si nombreux, qu'ils éclairaient les buissons; leur blanche lumière se reflétait dans un ruisseau qui coulait au pied du grand chêne.

— « Merci, gentils oiseaux, » dit Azur, « vous m'avez compris. »

Il s'approcha du ruisseau frétillant; de ses deux mains il fit une tasse dans laquelle il but à longs traits; la chèvre se désaltérait à ses côtés; ensuite, le petit page s'accouda sur l'herbe et se mit à admirer de toutes ses forces la lumière brillante à travers les feuilles.

— « Belle forêt, » s'écria-t-il, « je vous remercie de votre hospitalité ; votre gazon est un bon lit, votre ruisseau rafraîchit à merveille, et vos oiseaux sont les plus aimables que j'aie vus ; ce sont eux, sans doute, qui ont allumé ces étoiles blanches dans la mousse : puissé-je voyager toujours avec d'aussi bons compagnons ! »

Azur s'étendit sur son lit si doux, ferma les yeux et s'endormit, bercé par le ramage des rossignols. Il rêva qu'il revoyait la Néolie et sa marraine, comme dans les heureux jours du passé.

Au matin, le réveil fut triste, loin de Candour et de la patrie ; Azur soupira... ; mais, reprenant courage, son premier soin fut d'appeler la chevrette pour continuer le voyage ; elle accourut courbant le dos, et Azur repartit avec sa lyre d'or.

La chèvre trotta longtemps ; longtemps Azur vit passer devant ses yeux des arbres, des buissons, mais aucun être vivant ; la forêt s'étendait toujours dans tous les sens, ses provisions étaient très-diminuées, et sa monture commençait à se fatiguer.

— « Hélas ! ma mie chevrette, » dit Azur, « je ne sais pas mieux que toi le chemin ; si je m'arrête pour déjeuner, il ne me restera plus rien pour ce soir. »

Cependant la faim devint plus forte que la prudence; Azur s'arrêta pour manger sa dernière galette pendant que la chèvre broutait.

— « Où donc, » pensa-t-il, « où trouverai-je quelqu'un qui me parle de Candour? la machine qui l'emportait ne s'est sûrement pas arrêtée dans cette forêt, et voici que je n'en peux sortir. » Une idée lui vint à travers sa tristesse.

— « Les oiseaux sont venus hier pour m'entendre, peut-être y a-t-il dans ces arbres quelque animal pour écouter ma lyre d'or? »

Et, reprenant courage, Azur se mit à chanter comme la veille.

A peine eut-il commencé, qu'un chevreuil montra son museau à travers les buissons; il s'approcha sans crainte du chanteur, de petits faons le suivirent, une biche survint; bientôt Azur fut entouré des chevreuils et des biches de la forêt, qui l'écoutaient charmés.

— « Jolies bichettes, » leur dit Azur, « et vous, mes amis chevreuils, conduisez-moi près de Candour. »

Comme aucun ne bougeait, il ajouta :

— « Enseignez-moi du moins le chemin qui me rapprochera d'elle. »

Le chevreuil qu'il caressait, le tira par sa tunique; la troupe des faons et des biches s'élança à travers les buissons, guidant Azur et sa chèvre : bientôt ils arrivèrent dans un joli bosquet d'églantiers, si vert, si caché, qu'on s'y trouvait dans une salle de feuillage impénétrable.

Les biches s'allongèrent sur le tapis de mousse, comme pour indiquer que le but de la course était atteint : Azur se tourna de tous les côtés, il ne vit autour de lui que des murailles de verdure qui masquaient l'endroit par où il était entré.

— « Je ne vois pas de route; m'avez-vous donc trompé, bichettes et chevreuils? le soir approche, je n'ai plus de provisions, et j'ai si faim que je ne pourrai pas m'endormir sans souper. »

La biche qui était à ses pieds le regarda si tendrement avec ses grands yeux noirs, qu'il n'osa plus se plaindre; au contraire, il la caressa de sa petite main.

Au même instant, le page aperçut quatre chevreuils qui tenaient du bout des dents les quatre coins d'une nappe blanche, et qui l'étendaient sur la mousse; une biche y plaça une feuille énorme, remplie de massepains; les chevreuils mirent ensemble le couvert; une carafe de vin sucré, un pâté chaud, de la crème blanche, et toutes sortes de gâteaux.

Lorsque bichettes et chevreuils eurent achevé d'arranger ce beau souper, ils vinrent se coucher près d'Azur et lui lécher les mains.

— « Merci, mes amis, s'écria-t-il, j'avais grand tort de vous accuser. »

Il s'approcha de la nappe, et se mit à souper de bon appétit.

— « Ma lyre d'or m'est précieuse, » se dit-il; « puisque mon chant m'a fait des amis parmi les biches des bois, il m'en fera sans doute parmi les hommes des villes. »

Le petit page buvait sa dernière rasade, et s'apprêtait à grignoter le dernier massepain, lorsqu'une vive lumière lui éblouit les yeux; c'étaient les vers luisants de la veille, qui venaient encore l'éclairer; avec eux arrivaient aussi les oiseaux : mésanges, fauvettes, rossignols, qui se mirent à gazouiller.

Azur s'étendit, posa sa tête sur le dos d'une biche,

puis il jouit délicieusement des bois, de la lumière et du concert des oiseaux.

— « Merci, belle forêt, » dit-il, « merci de votre hospitalité ; votre mousse est un bon lit ; vos chevreuils et vos biches sont de zélés serviteurs, tous vos hôtes sont aimables : puissé-je avoir toujours d'aussi gracieux compagnons ! »

En achevant ces mots, Azur ferma les yeux ; il s'endormit, pour rêver aussi délicieusement que la veille au temps heureux de la Néolie et à la reine Candour.

A son réveil, il se vit seul ; les oiseaux, les chevreuils, tout avait disparu : la chèvre blanche broutait à ses côtés, et sa lyre d'or était sous sa main ; Azur ne s'effraya point de se trouver encore sans guide, car il compta sur le secours de sa lyre qui l'avait déjà si bien servi.

Il enfourcha la chèvre, qui partit au grand trot; les buissons s'écartèrent pour le laisser passer; sa course fut longue; il vit bien des futaies, des prairies, des rochers et des arbres, sans atteindre le bout de la forêt.

— « Va toujours, marche encore, ma mie chevrette, » disait Azur, et la chevrette prenait courage, mais enfin elle fut lasse; son maître quitta alors son dos pour marcher à son côté.

Le chemin était couvert de ronces; il fallut se donner beaucoup de peine pour les écarter, encore Azur eut-il les jambes écorchées en plus d'un endroit; sa lyre pesait à son bras, il n'avançait guère. Le souvenir de sa marraine le soutenait dans sa fatigue; il ne s'arrêta que lorsqu'il vit la chèvre piétiner en chancelant, et qu'il allait l'abandonner en marchant davantage.

— « Ah! cette forêt est immense, » s'écria-t-il; « ma mie chevrette ne pourra pas la traverser; j'aurais dû prier un chevreuil de me prendre sur son dos. »

Comme il s'était écoulé beaucoup d'heures depuis

le souper de la veille, Azur avait faim. Nul animal ne se montrait dans cet endroit désert; des rochers nus, quelques grands pins ornaient seul le paysage. Azur reconnut qu'il était tard, en voyant le soleil se coucher à l'horizon.

Il grimpa sur un morceau de roche, et, s'étant assis, il accorda sa lyre pour attirer quelque vivant à son secours : comme Azur était triste, son chant le fut aussi ; sa voix argentine résonnait dans les rochers, jamais il n'avait été mieux inspiré.

Au bout de quelques instants, il aperçut un gros lézard vert glissant au soleil sur le rocher ; à sa suite, peu à peu, s'avança toute sa famille ; bientôt le chanteur fut environné d'auditeurs charmés.

— « Lézards brillants, amis lézards, » dit Azur après avoir achevé son chant, ne sauriez-vous me rapprocher de Candour, et m'indiquer un gîte ? »

Le gros lézard le regarda finement en tournant la tête, puis il courut si vite à travers les rochers que le petit page eut peine à le suivre.

— « Ne vous pressez pas tant, mon ami, » criait-il, « nous ne sommes pas aussi vifs que vous; n'est-ce pas, ma mie chevrette ? »

La famille lézardine ralentit sa course ; Azur courut après elle, traînant sa chèvre jusqu'à l'entrée d'une grotte fort obscure ; les lézards s'y enfonçant, il n'hésita pas à les suivre. Tout d'un coup, l'obscurité cessa, et Azur se vit dans une salle de marbre blanc éclairée par trois lustres de vers luisants.

CHAPITRE III

LA FÉE LUCIOLE

Au milieu était un canapé de mousse, sur lequel Azur s'assit avec plaisir; sa chèvre blanche s'était étendue à ses pieds sur un tapis de même étoffe; une table de marbre rose s'éleva alors devant le canapé, toute couverte de mets fumants et de confitures. Azur se rassasia après s'être incliné poliment devant les lézards qu'il croyait ses hôtes.

— « Merci, jolis lézards, vous me donnez bon espoir par votre générosité. Les hommes seront aussi touchés par la lyre d'or, que les lézards des rochers. »

Après avoir soupé, Azur regarda curieusement tout autour de lui ; sur la table, il remarqua une petite clochette d'or d'un travail merveilleux ; en l'agitant, elle rendit un son clair, qui fut répété par l'écho de la salle ; à l'instant le mur s'ouvrit, laissant passer un chevreuil et une biche, qu'Azur reconnut pour être ses conducteurs de la veille ; comme il allait les caresser, il vit encore deux oiseaux, fauvette et rossignol ; puis, derrière eux, à travers un nuage de vapeur odorante, une belle dame inconnue.

Elle était couronnée de petites étoiles brillantes ; sa robe était toute parsemée de vers luisants ; son visage souriait :

— « Je suis la fée Luciole, » dit-elle en entrant ; « depuis longtemps j'attendais Azur dans ma forêt : c'est moi qui vous ai envoyé à souper, c'est moi qui vous guiderai dans votre voyage.

— « Grand merci, madame, » repartit Azur, « j'ai bon besoin de la protection d'une fée telle que vous, car vous n'ignorez pas, sans doute, que je vais chercher Candour.

— « Je le sais ; je sais aussi combien Nigrane a

abusé de sa puissance pour le malheur des Néoliens ; nous causerons de tout cela demain ; mais aujourd'hui, reposez-vous, Azur, dormez tranquille ; lorsque

vous aurez besoin de moi, il vous suffira d'agiter ma clochette d'or. Avant votre sommeil, j'ai voulu vous rassurer, et vous présenter vos amis, le prince

Chevreuil, le duc Rossignol, le roi des Lézards. »

Disant ces mots, la fée toucha de sa baguette les animaux qui étaient dans la salle; aussitôt ils furent changés en jeunes garçons, gardant chacun le costume de leur espèce : le chevreuil, vêtu de peau luisante, le lézard, d'armure verdoyante, le rossignol, de plumes légères, tandis que la fauvette et la biche s'étaient transformées en jeunes princesses : ils se jetèrent dans les bras d'Azur qui les embrassa de bon cœur.

— « Ne vous étonnez pas, » dit la fée, « cette forêt est enchantée; je l'avais placée à la porte de la Néolie pour préserver le royaume de Candour. Nigrane m'a surprise, grâce à la trahison de génies que je croyais fidèles. Je ferai tout mon possible pour secourir les Néoliens. »

Azur se réjouit des sentiments de la fée Luciole. La soirée passa vite en si bonne compagnie, et le sommeil de la nuit fut bien doux.

Le lendemain, Azur fut heureux de se réveiller à l'abri. La chèvre dormait près de lui, les lustres de vers luisants éclairaient toujours la salle qui n'avait point de fenêtre, étant bâtie sous terre.

Le petit page repassa dans son esprit toutes les circonstances de son voyage; il remercia profondément le roi des Génies qui lui avait envoyé la protection d'une fée.

Il agita la sonnette d'or, aussitôt le mur s'ouvrit comme la veille, et Luciole parut.

— « Bonjour, madame, » lui dit Azur, « on repose à merveille chez vous; me voici prêt à aller chercher notre reine Candour. »

La fée sourit :

— « Je suis bien aise, » dit-elle, « de vous trouver sans paresse et sans oubli, mais il ne faut pas tant se hâter. Vous avez des soins à prendre avant de partir.

— « Lesquels, madame? »

— « Il faut que vous sachiez, » repartit la fée, « que si je vous protége, Nigrane de son côté a de puissants alliés; les mauvais génies lui obéissent, ils sont redoutables, et c'est leur déclarer la guerre que de persister à chercher Candour.

— « Qu'importe! tout un peuple attend d'elle sa jeunesse, son bonheur, et fussé-je seul au monde, je ne saurais vivre sans ma marraine.

— « Eh bien, Azur, puisque vous êtes fidèle et courageux, il faut prendre les moyens les plus sages pour délivrer Candour ; hélas ! elle est captive, Nigrane l'a enfermée dans un lieu ignoré de tous, même des fées ; le roi des Génies peut seul vous faire connaître sa prison.

— « Où trouverai-je le roi des Génies ?

— « Il ne vient pas souvent sur la terre ; cependant je sais qu'il doit visiter son filleul le roi d'Orcadie, avant un an d'ici : je pourrais aisément vous transporter en Orcadie, mais le conseil des fées, dominé par Nigrane, m'a interdit de vous remettre aucun talisman ; Candour ne peut être délivrée que par vous seul, et j'ai été forcée de vous cacher sous terre pour vous parler et vous secourir.

— « Je vous dois beaucoup, madame, et je suivrai tous vos conseils ; j'irai en Orcadie, ma lyre d'or me fera introduire auprès du roi.

— « Mon cher Azur, la lyre d'or est adorée en Néolie, l'inspiration charme les bêtes de la forêt, mais elle ne suffit pas auprès des hommes de ce monde ; il faut beaucoup d'art pour leur faire goûter le génie, et encore..... mais je ne veux pas vous décourager.

« Ma sœur Harmonia vous donnera de la science, elle consent à quitter son étoile pour venir habiter ce palais souterrain ; suivez-moi, nous allons la trouver. »

Azur, en se levant pour suivre la fée, regardait sa chèvre blanche ; Luciole vit ce regard et dit :

— « Je garderai mie chevrette, elle ne vous serait d'aucun usage pour voyager.

— « Adieu donc, ma chèvre blanche, » dit Azur en la caressant, « puissé-je te reconduire en Néolie avec la reine Candour sur ton dos ! »

La muraille s'ouvrit, Azur suivit la fée dans une galerie ornée de colonnes de marbre rose ; des torches de résine placées dans de grands candélabres d'argent éclairaient en se reflétant sur un plafond d'acier poli ; Luciole tira un rideau rose suspendu entre deux colonnes, et se mit à crier : « Ma sœur ! ma sœur !... »

Aussitôt, une jeune dame vint à sa rencontre ; elle avait un vêtement des sept couleurs de l'arc-en-ciel, et sur sa tête, sept étoiles blanches.

La nouvelle venue appuya sa main sur l'épaule d'Azur, et la lyre d'or résonna doucement comme pour la saluer.

Le petit page se sentit attiré vers elle ; une première leçon lui fut donnée avec tant de charme, qu'Azur n'aurait pas voulu se reposer, mais Harmonia le quitta au bout de deux heures, en lui disant :

— « A demain ! »

Azur fit de rapides progrès; après deux mois, il écrivait les airs qu'il composait aussi bien qu'Harmonia elle-même.

Le temps avait passé rapidement entre le travail et les jeux; les fées avaient donné à leur élève la compagnie du prince Chevreuil, du duc Rossignol et du roi des Lézards, avec lesquels Azur avait noué une solide amitié.

Luciole jugea alors qu'il fallait se séparer. Un matin, le petit page fit ses paquets; c'était un rouleau de musique écrit par lui, avec un sac rempli de provisions par Luciole; celle-ci lui dit :

— « Mon cher Azur, je vous mettrai moi-même dans la route qui mène hors de la forêt; je dois vous prévenir que les enchantements cesseront dès que vous serez sorti du bois; ne vous étonnez donc pas du changement que vous verrez alors : surtout, mon mignon, ne perdez jamais courage, persistez toujours à demander le roi des Génies; lui seul vous indiquera la manière de sauver Candour. »

Azur promit de suivre cet avis, il remercia tendrement Harmonia, fit ses adieux à ses amis Chevreuil, Lézard et Rossignol, qui pleuraient fort en le quittant; enfin, il s'en alla avec Luciole, dont la baguette ouvrit un passage à travers les rochers de la forêt.

La fée portait la lyre d'or pour aider Azur à la suivre; ils marchèrent quelque temps parmi les ronces, puis ils arrivèrent sur une grande route ombragée de chênes.

— « Voici votre chemin, » dit Luciole, « suivez-le tout droit jusqu'au bout : adieu, mon cher Azur, soyez toujours fidèle et courageux, et n'oubliez pas que je suis votre amie. »

A ces mots, la fée remit la lyre dans les mains de son protégé, puis elle disparut, escortée par des milliers de vers luisants, qui brillaient malgré le jour.

CHAPITRE IV

DÉSENCHANTEMENT — LA TEMPÊTE

Azur sentit de la tristesse en se voyant seul, après avoir été entouré de si bons amis; il regrettait la fée Luciole, il regrettait Harmonia, qui l'avaient un moment consolé d'avoir perdu la Néolie.

— « O ma chère Candour, » dit-il, « vous êtes bien plus à plaindre que moi, vous qui êtes captive si loin; je ne serai jamais entièrement heureux sans vous, et je ne veux plus songer qu'à votre délivrance. »

Le petit page marcha une grande partie de la journée; enfin il vit le bout de la route qui donnait sur une prairie. Arrivé là, il se reposa sur l'herbe, et il entama les gâteaux dont Luciole avait garni son sac.

Devant lui, au bout de la plaine, s'élevait une grille d'or qui fermait la forêt enchantée : Azur vit que la porte de cette grille était entr'ouverte, sans doute par les ordres de Luciole, pour le laisser passer; il reprit sa course après un moment de repos, et il s'élança hors de la forêt.

A peine eut-il passé, que la porte se referma avec un grand bruit; Azur était sur une plage déserte, au bord de la mer. Ses pieds enfonçaient dans un sable doré, l'air était vif, le soleil se couchait dans l'eau bleue.

Azur vit bien qu'il n'aurait pas le temps de chercher une habitation avant la nuit. Il se coucha sur le sable, et s'endormit bientôt au bruit des vagues, qui roulaient mélodieusement.

Lorsque le jour l'éveilla, le gentil page fut étonné, en se dressant, de se sentir bien plus grand que la veille ; ses membres étaient développés comme ceux d'un homme.

« Ai-je pu grandir autant en une seule nuit? » se dit-il. — Tout d'un coup, il se souvint de Luciole lui disant que les enchantements cessaient hors de sa forêt. — « Et, en effet, voilà près de vingt ans que je suis né; c'est la baguette de Candour, qui m'avait préservé de tout changement. »

Azur avait quelque curiosité de voir son nouveau visage, mais la mer était un miroir trop agité pour s'y regarder à l'aise. Il aperçut un point noir vers sa droite qui remuait sur l'eau; s'étant avancé dans cette direction, il reconnut que c'était une barque abandonnée avec ses rames, au bord du rivage.

— « Peut-être dois-je y monter? » se demanda le page. « Pourrai-je ramer tout seul? dans quelle direction?... j'ignore où se trouve le royaume d'Orcadie. »

Il essaya de découvrir une habitation, mais un désert de sable s'étendait de tous les côtés; Azur réfléchit qu'il n'avait plus guère de provisions, et qu'il valait mieux risquer de faire naufrage que de mourir de faim.

— « J'ai maintenant la force d'un homme, » se dit-il, « je pourrai ramer longtemps; peut-être cette barque a-t-elle été mise là par Luciole, je dois m'en servir. »

Il monta dans le bateau, posa sa lyre d'or à côté de lui et se mit à ramer de son mieux, en se dirigeant en ligne droite; lorsqu'il fut éloigné du rivage, sans autre vue que celle de la mer infinie, il ressentit un peu d'effroi de la résolution qu'il avait prise; mais en songeant que c'était peut-être le seul moyen d'aller vers Candour, il ne le trouva plus trop périlleux.

Azur rama longtemps, tant que ses forces le lui permirent, puis il acheva ses provisions pendant un moment de repos.

La mer était si bleue, qu'en regardant sa surface on pouvait se croire entre deux ciels; quelques oiseaux rasaient l'eau et représentaient seuls la vie dans ce grand calme.

Tout à coup, le vent, qui avait été si doux depuis le départ, augmenta tellement qu'Azur se vit forcé de reprendre les rames pour lutter, quoiqu'il fût très-las. De gros nuages noirs s'amassèrent dans le ciel, un orage allait éclater.

— « Hélas! » dit Azur, « Nigrane veut m'empêcher d'arriver à terre. »

A ces paroles, il entendit un éclat de rire près de lui; l'éclat de rire d'une vieille femme, de la cruelle fée qui se réjouissait sans doute de le voir près de périr.

Des éclairs sillonnaient les nuées, le tonnerre

grondait ; seul dans sa barque secouée par les vagues, Azur luttait vainement contre la tempête ; déjà l'eau couvrait ses membres, il se sentait vaincu.

— « Puissant roi des Génies, » s'écria-t-il, « sauvez-moi, sauvez-moi pour Candour !... »

Une vague plus haute que les autres engloutit la barque ; Azur, pressant sa lyre d'or sur sa poitrine, s'abandonna à la mort qu'il voyait inévitable ; mais, au lieu d'être entraîné au fond de la mer, il se sentit porté par quelque chose de mouvant qui le maintenait à la surface de l'eau : à la lueur des éclairs, il vit briller les écailles dorées d'un gros poisson qui le portait ; c'était un dauphin, envoyé sans doute à son secours par le roi des Génies.

Azur eut un élan de reconnaissance en se voyant sauvé si miraculeusement.

Le dauphin nageait à travers les vagues en suivant leurs terribles ondulations ; le jeune homme à cheval sur son dos assistait à la tempête sans être submergé.

Peu à peu l'orage se calma, le ciel reparut bleu, Azur aperçut la terre vers laquelle voguait son sauveur. Il sentit alors un rouleau pressé sur sa poitrine par sa lyre d'or; c'était sa musique, sauvée aussi, sans qu'il y eût songé dans le moment où la mer allait l'engloutir.

Le beau poisson arriva vers le soir au rivage. Azur s'élança de son dos sur la plage :

— « Merci, seigneur dauphin, » dit-il, « je suis votre serviteur, car vous m'avez sauvé la vie. »

On peut croire qu'Azur fut heureux de sentir la terre sous ses pieds, après avoir échappé à un si grand danger; il sécha au soleil ses brodequins d'or et sa tunique; puis il marcha tout droit devant lui, dans l'espérance de découvrir une habitation.

La nuit tombait; après une heure de marche, il atteignit un village encore éclairé par quelques rayons du couchant.

Azur frappa à la première chaumière; une jeune fille vint lui ouvrir. Après quelques hésitations, elle consentit à le laisser entrer auprès du foyer.

Un vieillard y était assis, qui, regardant Azur des pieds à la tête, lui demanda brusquement ce qu'il voulait.

— « Je voudrais un asile pour la nuit, un peu de nourriture, et des renseignements sur le chemin qui mène en Orcadie.

— « Vous voulez rire, » dit le vieux, « je suis Orcadien, et vous êtes en Orcadie ; vous devriez avoir honte de demander l'aumône avec un si beau costume.

— « Je ne demande pas l'aumône, » repartit Azur, « car je suis prêt à gagner ma vie avec ma lyre d'or ; quant à mon costume, s'il est brillant, c'est qu'une fée me l'a donné.

— « Oh bien ! » fit le méchant, « qu'elle vous donne aussi à souper ! je n'aime pas les musiciens. »

Azur s'en allait en rougissant (il n'avait jamais rencontré de mauvais cœurs en Néolie), lorsqu'il s'aperçut que la jeune fille l'avait suivi.

— « Chut, » dit-elle, « mon oncle est de méchante humeur, mais je puis vous mener coucher à l'étable sans qu'il s'en aperçoive. »

Azur accepta, car il craignait de rencontrer encore

des gens inhospitaliers. La jeune fille lui arrangea une botte de paille dans l'étable auprès de la vache; puis, lui ayant donné un morceau de pain bis, elle lui souhaita le bonsoir, en lui recommandant de se sauver le lendemain dès l'aurore.

Le jeune homme se coucha de son mieux dans l'obscurité.

« Demain, » se dit-il, « je demanderai où se trouve le palais du roi, où ma lyre d'or me servira à m'introduire. Je saurai quand doit venir le roi des Génies, et alors..... oh alors! je serai enfin au moment de revoir ma chère Candour; sa vue me récompensera de mes peines; hélas! si j'avais encore la mine d'enfant qu'elle m'avait laissée, ce vieillard ne m'aurait pas accueilli si durement. »

CHAPITRE V

LA NOCE AU VILLAGE

Après une nuit assez courte, Azur se pressa d'ouvrir la porte de l'étable pour s'enfuir; il résolut d'attendre que les gens fussent sortis de leurs habitations pour demander des renseignements à ceux qui auraient l'air bienveillant.

— « J'en trouverai sans doute d'aussi bons que cette jeune fille d'hier, » pensa-t-il, et il reprit confiance.

Les premiers qu'il rencontra, étaient des moissonneurs allant aux champs; tous, hommes forts, rudes, à la mine peu avenante; à leur suite, venait un enfant portant leur panier de provisions.

Azur s'approcha du petit, et lui demanda le

chemin qui menait au palais du roi : celui-ci le dévisagea d'abord, parut surpris, et ne répondit rien :

— « Voyez ma lyre d'or, » dit Azur, « je vous la ferai entendre si vous voulez me répondre.

— « Faites voir..., tiens, cela résonne comme un tambour... »

L'enfant s'apprêtait à tambouriner sur la lyre d'or, mais Azur ne le voulut pas souffrir ; il essaya d'obtenir quelque renseignement du marmot, mais celui-ci, se voyant loin des moissonneurs, se mit à courir pour les rattraper, sans plus se soucier du page.

« Nous étions plus obligeants en Néolie, » se dit Azur, et il continua à marcher près des maisons.

Le soleil se levait, les fenêtres s'ouvraient ; des laboureurs partaient avec leurs pioches sur l'épaule ; quelques-uns d'entre eux se retournèrent pour regarder Azur avec un sourire moqueur ; ils avaient l'air si peu disposés à rendre service à l'étranger, que celui-ci renonça à les questionner.

Le gentil page était désappointé de rencontrer si peu de bienveillance ; il se consolait cependant en songeant qu'il était en Orcadie, et que tôt ou tard il apprendrait sans doute le chemin du palais.

Le repas de la veille ne lui suffisait plus, un morceau de pain n'est guère nourrissant : Azur s'assit sur une borne et se mit à chanter dans l'espoir qu'à sa voix, quelqu'un viendrait à son aide.

Une troupe de jeunes filles passa, elles allaient remplir leurs cruches à la fontaine ; en entendant le chanteur, elles s'approchèrent de lui. Les plus curieuses se mirent devant les autres, et elles restèrent immobiles à l'écouter.

— « Jolies fillettes, » leur dit Azur après avoir

chanté, « voulez-vous m'indiquer le chemin qui mène au palais du roi? »

Elles se regardèrent en souriant, la plus hardie répondit :

— « Vous n'en êtes guère près, monsieur; le roi est dans sa ville, à dix lieues d'ici. »

Azur pâlit; dix lieues à faire, et pas de nourriture! En voyant son visage attristé, une jeune blondine lui demanda pourquoi il paraissait affligé.

— « Hélas! mon enfant, je suis sans secours, sans amis, et j'espérais être plus près du roi d'Orcadie.

— « Si vous voulez me suivre à la fontaine, » dit la petite blonde, « je vous ramènerai chez mes parents; ils vous recevront pour chanter à la noce de ma sœur. »

Azur accepta bien vite; il suivit les jeunes filles à la fontaine, en leur racontant de jolies choses pour les distraire; aussi, ils furent bientôt amis. Comme la blonde Claudine lui avait donné des fruits, il lui porta sa cruche pour la remercier, et elle se sentit fière d'être servie par un jeune homme si bien vêtu; elle pensait qu'il était serviteur du roi, au moins l'un de ses écuyers égarés; aussi, comme elle était aise de se montrer en pareille compagnie, elle prit le plus long pour rentrer au village. Là, on se sépara, et Claudine prenant Azur par la main, le présenta à sa mère qui filait devant sa porte.

La vieille paysanne le reçut bien.

— « Il remplacera le ménétrier pour la noce de demain, » dit-elle, « et puis nous le conduirons sur la route d'Agapolis où demeure le roi. »

Azur la remercia ; il s'assit sur un escabeau dans un coin de la chaumière, pendant que Claudine aidait sa mère, avec sa sœur, aux préparatifs de la noce ; elle essuyait les plats, faisait la cuisine, allant et venant sans cesse.

Quand le père fut rentré, on soupa ; la causerie n'avait guère d'intérêt pour un étranger, mais Azur n'était pas bavard, et Claudine n'oubliait pas de le bien servir.

— « Bonsoir, beau sire, » dit la mère après souper, « nous verrons demain votre savoir. »

Azur fut se coucher au grenier ; à peine était-il monté, que les ménétriers du village vinrent offrir leurs services pour le lendemain. Claudine les renvoya, leur disant qu'elle avait retenu un musicien ;

ils s'en allèrent, fâchés de perdre l'aubaine qu'ils se promettaient.

— « Quel muguet ont-ils donc? » se disaient-ils; « nous irons l'écouter, et gare à lui s'il ne nous vaut « pas! »

Cependant Azur dormait, appuyé sur sa lyre d'or. Le lendemain matin, il descendit dans la salle enguirlandée, où Claudine avait préparé le repas de noce; déjà les mariés y étaient dans leurs beaux costumes; Claudine achevait de parer sa sœur, les parents étaient prêts; au bout d'un moment on se mit en marche, Azur en tête, pour conduire la noce et pour la faire danser.

A peine sorti de la chaumière, il commença un chant de fête, mais sa voix fut couverte par des cris et des huées; c'étaient les méchants ménétriers qui l'attendaient au passage; ils avaient ameuté une troupe de gamins qui lancèrent des pierres au joli page; la fée Nigrane, déguisée en vieille mendiante, les excitait à crier et à frapper.

La mariée, voyant sa robe atteinte par les pierres, se mit à pleurer.

— « Maudit soit le damoiseau qui nous attire cette avanie! » s'écria le marié.

Ce fut un signal pour les gens de la noce, qui se mirent à injurier Azur et sa lyre d'or, qu'ils nommaient impudemment « une vilaine pochette ».

Azur était brave, mais seul contre tout le monde, que pouvait-il faire ? Il rendit des coups aux gamins, tout en cherchant à s'enfuir; on le poursuivit, il courut; les pierres l'atteignaient encore jusqu'aux dernières maisons du village. Enfin, ces vilaines gens retournèrent à la noce, et le pauvre page tomba meurtri, accablé de fatigue au coin d'un champ de blé.

— « Eh quoi! est-ce l'accueil que mérite ma lyre d'or? les oiseaux de la forêt aimaient mon chant, les biches des bois m'ont secouru, et les hommes me reçoivent à coups de pierre !... »

Peu à peu il reprit courage, en songeant que les habitants d'Agapolis seraient moins grossiers que des paysans; mais comment arriver dans cette ville?...

Il était dans cette incertitude, lorsqu'il vit accourir une jeune fille dans sa direction; c'était Claudine.

Elle s'était échappée pour venir secourir le chanteur malheureux, car elle avait bon cœur : son tablier était rempli de provisions.

— « Prenez-les, » dit-elle, « vous en aurez besoin

dans le voyage : je vais vous conduire sur la route d'Agapolis, car personne au village n'oserait maintenant vous venir en aide. »

Azur la remercia tendrement. Il la suivit jusqu'au chemin d'Agapolis ; arrivés là, ils se dirent adieu, Claudine lui souhaita un heureux voyage, puis elle retourna sur ses pas, de peur que son absence ne fût remarquée à la noce.

CHAPITRE VI

AGAPOLIS

Resté seul encore, Azur résolut de faire tous ses efforts pour atteindre la ville; durant deux jours, il marcha sans cesse, ne prenant de repos que pour dormir à la belle étoile : les provisions de Claudine l'empêchèrent de mourir de faim.

Lorsqu'il atteignit les portes d'Agapolis, il ne lui restait plus qu'un morceau de pain.

L'aspect de cette ville était brillant; les rues bordées de palais de marbre étaient larges, et il y avait beaucoup de monde dans les rues.

Azur aborda poliment un passant, lui demanda le palais du roi; celui-ci, regardant Azur avec curiosité, lui fit mille questions au lieu de lui répondre :

— « Vous êtes donc étranger? n'êtes-vous pas l'envoyé du roi du soleil?

— « Non, monsieur, je suis le page de la fée Candour, et je cherche le roi d'Orcadie.

— « Notre grand Salem? c'est un puissant monarque. »

Azur en convint volontiers, pourvu qu'on lui fît connaître sa demeure, mais le passant était moins pressé que lui; à la fin, il se décida à indiquer le chemin avec tant de détails, qu'Azur eut peine à comprendre; il s'égara même plusieurs fois; cependant il finit par arriver devant le palais.

La façade était en agate polie, incrustée de lapis; des orangers en fleurs ornaient l'escalier de cent marches qui conduisait à la grande porte d'entrée; sur chacune de ces marches, deux écuyers cuirassés d'or se tenaient immobiles avec leur lance à la main; tout cela reluisait au soleil, c'était un spectacle magnifique. Azur resta quelques instants à le considérer, puis il monta l'escalier.

A la première marche, il fut arrêté par un écuyer qui lui barra le chemin avec sa lance.

— « Ne pourrais-je parler au roi? » lui demanda Azur. L'écuyer sourit : — « Qui donc êtes-vous pour entrer chez le puissant Salem? »

Le page voulut expliquer que Salem le protégerait auprès du roi des Génies, à cause de la fée Candour; il promit de contenter le roi en jouant de la lyre, mais l'écuyer ne voulut rien entendre.

Azur essaya alors de chanter, dans l'espoir que les écuyers seraient charmés; hélas! ils se bouchèrent les oreilles, en criant qu'ils n'aimaient pas la musique. Désespéré de se voir ainsi repoussé, Azur s'assit sur la dernière marche pour attendre le passage du roi. — « Je me jetterai à ses pieds, il ne refusera pas de m'écouter!... »

Malheureusement, Salem ne sortit pas ce jour-là. Azur, triste et lassé, n'eut à manger que le dernier morceau de pain de Claudine; il fut raillé par les brillants écuyers, qui riaient, en disant :

— « Voyez donc ce pauvret! fait-on si maigre chère quand on veut être l'ami du roi!... »

— « Candour! ma chère Candour! donnez-moi la force de tout supporter, » murmurait Azur en sentant son courage l'abandonner.

Il ne bougea pas, dans la pensée que Salem sortirait tôt ou tard de son palais.

En effet, le second jour, on ouvrit la grande porte d'entrée : vingt hérauts en sortirent, puis soixante officiers en grand costume, qui précédaient le roi Salem; celui-ci, couronne en tête, allait faire la revue de son armée.

Azur, en voyant le roi, se mit à jouer de la lyre pour attirer ses regards; il chercha à s'avancer, les officiers l'écartèrent. Le page, qui sentait son espérance s'échapper à mesure que le roi passait, voulut arriver jusqu'à lui à toute force : il se raidit contre les bras qui l'arrêtaient, il lutta, mais en vain; l'inanition, l'insomnie l'avaient épuisé; ce fut une vieille mendiante qui lui donna le dernier coup de poing, la même qui avait excité les villageois contre lui, c'est-à-dire Nigrane, la méchante fée.

Azur était tombé évanoui. Lorsqu'il reprit ses sens, il était au coin du palais, sur la route; l'escorte du roi avait disparu. Seul, un petit vieillard coiffé d'un chapeau d'astrologue était auprès du page, occupé à lui bassiner les tempes avec de l'eau froide.

— « Allons, remettez-vous, » disait-il en gesticulant, « se laisse-t-on mourir quand on possède la lyre d'or?

— « Hélas! personne ne m'écoute!...

— « C'est bon, c'est bon, je vous écouterai, moi. Eh! mon ami, vous n'avez pas su vous y prendre!...»

Le vieux tira de sa poche un flacon de cuir qu'il tendit au page. A peine celui-ci eut-il goûté le cordial, qu'il se sentit ranimé.

— « Suivez-moi, » ajouta le singulier personnage, qui prit le bras d'Azur sous le sien en l'entraînant à grands pas.

Tous deux arrivèrent bientôt auprès d'une vieille maison, dont la mine délabrée contrastait avec les marbres des environs. Le vieillard fit grimper Azur dans une petite chambre éclairée d'une étroite fenêtre toute garnie de fioles et d'instruments d'alchimie.

— « Joli laboratoire, n'est-ce pas?... » s'écria le bonhomme, après avoir installé Azur dans un fauteuil; « ah, ah! vous ne songiez pas à venir chez le vieux Néluf, chez l'astrologue le plus savant du royaume! »

Néluf prit la lyre d'or, la retourna, l'examina avec plusieurs lunettes; puis, il la rendit au page que ce manége avait étonné.

— « Les astres m'avaient annoncé votre arrivée, »

dit le vieillard; « je viens de m'assurer que cette lyre était bien la lyre d'or que j'attendais aussi; vous ne seriez pas venu sans elle, n'est-il pas vrai? Non-seulement j'aime la musique, mais je compte encore sur votre secours pour guérir la fille du roi.

— « Comment cela? » dit Azur de plus en plus surpris.

Néluf lui apprit alors que la princesse d'Orcadie était victime d'une méchante fée, qui l'avait rendue folle; Salem en était désolé; tous les savants du royaume avaient vainement tenté de la guérir; seul, Néluf n'avait pas désespéré d'y arriver, parce qu'il avait su lire dans les astres que les sons de la lyre d'or rendraient la princesse à la raison.

Cette découverte causa de la joie au page; il se vit déjà aimé du roi, et près de retrouver Candour.

Le vieux Néluf, qui était magicien, lui fit voir dans un miroir ses amis éloignés. Bluet lui apparut si vieilli, que cette vue lui fit verser des larmes; son ami avait maintenant une longue barbe blanche!... Tous les Néoliens étaient dans un état de vieillesse aussi déplorable; Nigrane les avait accablés, il ne leur restait que le sentiment de leurs maux, et la force d'appeler Candour à grands cris.

Devant tant de misères, Azur se sentit rempli d'un nouveau zèle pour les secourir.

— « Ne puis-je voir aussi Candour? » demanda-t-il. Le magicien hocha la tête.

— « Ce n'est pas en mon pouvoir, mon ami; le roi des Génies, qui sera à la cour dans trois mois d'ici, peut seul vous renseigner sur elle.

— « Eh bien! reprit Azur, dites-moi vite comment je peux guérir la princesse, afin que son père me présente ensuite au roi des Génies.

— « Patience, » dit Néluf, « et d'abord, faites-moi entendre la lyre d'or. »

Azur chanta, pendant que le vieux magicien dodelinait la tête, en fermant ses petits yeux, tant il savourait l'harmonie.

La musique finie, il embrassa le page, l'appela son cher fils, loua tous les airs de son cahier en connaisseur habile.

Heureux d'avoir enfin rencontré un ami, Azur passa quelques jours tranquilles chez Néluf; celui-ci s'occupait de son protégé, et du projet de guérir par son moyen la princesse d'Orcadie : il fit placarder d'énormes affiches sur tous les murs d'Agapolis. On y lisait ces mots en lettres écarlates :

AVEC L'AUTORISATION DE SA MAJESTÉ ROYALE

DANS HUIT JOURS, SUR LA PLACE DU PALAIS

Le Page de la fée Candour

AZUR

GUÉRIRA LA PRINCESSE D'ORCADIE

AU MOYEN DE LA LYRE D'OR.

Salem fit élever deux trônes sous un dais, un pour lui, l'autre pour sa fille; les hérauts du roi allèrent proclamer la nouvelle par toute la ville, de sorte que chacun voulut se rendre à la fête.

Au jour dit, la place du Palais était couverte de monde. Le roi Salem se plaça sur son trône, et l'on amena la princesse gardée par ses femmes, car elle faisait des folies et disait mille extravagances; ses yeux égarés faisaient peur à voir.

Azur s'avança, conduit par Néluf, ayant sa lyre d'or entre les mains.

Lorsqu'il fut en face du roi, le joli page s'inclina

profondément, puis il préluda avec douceur. Il chanta le bonheur dont jouissaient les Néoliens, et les vertus de Candour. La princesse avait cessé de s'agiter dès le début du chant; tout d'un coup, elle ferma les yeux, et poussa un grand cri, en tombant à la renverse dans les bras de ses femmes.

Ce fut un tumulte épouvantable, chacun s'élançait à son secours. Le roi n'eut pas plutôt vu tomber la princesse, qu'il s'écria :

— « Arrêtez ce misérable, ce sorcier, dont la voix a tué ma fille ! »

Dans la mêlée, Azur vit une vieille femme qui riait méchamment, tout en excitant la colère du peuple contre lui; c'était encore Nigrane acharnée à le poursuivre.

« Sus au sorcier! » criait-on de toutes parts, « qu'on le pende, qu'on le brûle !... »

Des gardes du roi s'emparèrent d'Azur; Néluf avait saisi la lyre d'or, il essayait en vain d'élever la voix en faveur de son protégé, qui fut enchaîné par les soldats et jeté dans un cachot de la tour.

CHAPITRE VII

LA PRISON

Lorsqu'il se vit ainsi abandonné, Azur pleura. Son cachot était obscur, ses chaînes l'accablaient de leur poids ; voilà donc le résultat de ses belles espérances !...

— « Candour, » s'écria-t-il, « me voici prisonnier comme vous, je ne peux plus vous secourir. »

Cette dernière pensée le désolait. Eh quoi ! il fallait renoncer à revoir Candour, la Néolie, tous ses amis! Le pauvre page se jeta sur la botte de paille qui remplaçait un lit, et là, il songea à quel point il était malheureux; peu à peu, dans la nuit qui l'entourait, il se retraça l'image de son passé d'enfant : quel contraste!... Azur se revit joyeux auprès de la reine qu'il aimait, caressé par elle, fêté par ses amis; il revit les roses de Néolie, et Bluet et Bruyère... Le bruit de ses chaînes le tira de sa rêverie : «Suis-je bien Azur? » se dit-il, «cet Azur que l'on nommait l'heureux... » Un soupir s'échappa de sa poitrine; il n'avait nulle consolation, puisque sa lyre d'or n'était plus là; elle aussi l'avait abandonné, il la croyait perdue.

Les jours se succédèrent lentement pour le pauvre prisonnier; habitué à respirer l'air vif de la forêt, il ne recevait de jour que par un étroit soupirail; ses chaînes lui enlevaient la faculté de se remuer. Un affreux geôlier apportait chaque jour du pain noir et de l'eau, sans lui adresser une seule parole de compassion.

Dans un si triste état, Azur ne craignait pas la mort qui l'eût délivré de ses maux; il s'attendait tous les jours à se voir traîné au supplice, sans en être effrayé; l'injustice l'avait anéanti.

— « C'en est fait, » se disait-il, « les Orcadiens

auront brisé ma lyre d'or; ses accents avaient touché les oiseaux des bois, mais ils n'ont pu toucher les hommes. — Oh! ma chère forêt! Luciole! et vous mes amis Lézard et Rossignol, que direz-vous en apprenant mon malheur? »

Cependant le vieux Néluf s'était enfermé dans son laboratoire pour consulter les astres; sa surprise avait été extrême en voyant tomber la princesse; de nouvelles conjurations lui apprirent qu'elle n'était pas morte, mais endormie profondément par Nigrane, qui voulait exciter la colère du roi contre Azur.

Néluf chercha le moyen de détruire ce nouvel enchantement, mais il ne put le découvrir.

En toute hâte, le vieux magicien se fit introduire auprès du roi qui l'estimait pour sa science. Il l'assura que la princesse n'était point morte, qu'Azur n'était nullement coupable.

— « Bien au contraire, » lui dit-il, « ce page aurait sauvé la princesse, s'il n'avait pas une fée pour ennemie. »

Salem fut heureux d'entendre affirmer que sa fille était vivante, mais il ne voulut pas croire à l'innocence du chanteur. Tout ce qu'il daigna accorder aux prières de Néluf, fut l'assurance qu'Azur ne serait pas pendu.

— « Mais, » ajouta le roi, « il restera au cachot jusqu'à ce que j'aie vu la princesse réveillée. »

En entendant cet arrêt cruel, Néluf fut désolé,

car il ignorait le moyen de désenchanter la fille du roi; Azur pouvait mourir avant qu'elle se réveillât.

Le vieux magicien fit étendre la princesse sur un lit de brocart d'or; elle y paraissait évanouie, tandis que les mauvais génies invisibles soufflaient sur sa couche, pour prolonger son sommeil.

Néluf promit au roi de consulter les nécromanciens les plus célèbres, et, à force de prières, il obtint la permission d'aller voir Azur dans sa prison.

Il y avait plus d'un mois que le pauvre page languissait dans la tour, quand Néluf put le visiter. Il apportait la lyre d'or; cette vue causa une grande joie au prisonnier, qui la prit, l'embrassa, l'appelant son amie fidèle; et de suite, il se mit à chanter en s'accompagnant. Néluf l'écoutait avec admiration, il ne pouvait comprendre comment son génie résistait à tant de souffrances.

L'astrologue conta comment il avait lu dans les astres que la princesse était enchantée par Nigrane; l'impuissance où il était de combattre la méchante fée rendait l'avenir bien sombre pour le prisonnier.

Néluf resta plusieurs heures auprès de lui, cherchant à soutenir son courage par tous les motifs d'espérance les plus éloignés.

— « Songez, » dit le vieillard, « que le roi des Génies doit visiter son filleul Salem avant trois mois d'ici. J'irai implorer sa clémence; jamais ce grand roi n'a refusé justice à personne.

— « Oui, » dit Azur, « je ne l'ai jamais invoqué en vain; sa venue peut m'être secourable, mais qu'il est long d'attendre! — Merci, Néluf, car la lyre d'or soutiendra peut-être mes forces. »

A ce moment, le geôlier entra, il fallut se séparer; le vieux magicien et le jeune homme désolés se dirent adieu en s'embrassant.

Malgré la nuit de son cachot, Azur se consola avec sa lyre du départ de Néluf; il chanta dans les ténèbres, comme autrefois il avait chanté pour les oiseaux de la forêt. Chez le pauvre page la volonté résistait à la souffrance, mais ses membres délicats étaient brisés; la mauvaise nourriture, l'insomnie, le manque d'air surtout menaçaient son existence affaiblie.

Un soir, Azur songeait à sa fin prochaine, lorsqu'il vit son cachot s'éclairer d'une lueur jaunâtre; il ne put s'expliquer d'où venait cette lumière. Tout à coup la lueur s'agrandit, le mur s'entr'ouvrit, et une forme vêtue de longs vêtements sombres se détacha sur la clarté phosphorescente.

A sa couronne fumante, à ses rides, Azur reconnut la fée Nigrane.

— « Je viens vous sauver, beau page, » dit-elle de sa voix cassée, « nous avons assez fait la guerre, je viens signer la paix. »

Azur recula involontairement contre le mur de son cachot.

— « Ne craignez point, » reprit la fée, « je vous ai combattu, il est vrai, mais c'est votre faute; pourquoi vous étiez-vous attaché à mon ennemie? Allons, vous voyez que je suis généreuse, puisque je viens vous secourir après vous avoir vaincu. Je vais vous délivrer, à condition que vous renoncerez à Candour.

— « N'y comptez pas, » s'écria le page; « je ne

souhaite la liberté que pour aller au secours de ma marraine.

— « Entêté!... quoi! n'est-ce pas assez d'avoir souffert la prison? ne voyez-vous pas l'inutilité de vos efforts? soyez raisonnable, renoncez à lutter contre moi; ne vous mêlez plus du sort de Candour, et je vous rendrai heureux.

— « Je ne puis être heureux sans elle; moi, j'abandonnerais la reine pour me sauver!... non, Madame, ne l'espérez pas.

— « Réfléchissez, » reprit la vieille fée, « voyez ce que je vous offre. »

Elle étendit sa baguette; aussitôt, Azur vit devant lui des tonneaux d'or et d'argent.

Il les repoussa du pied avec dédain.

La fée, sans se décourager, agita de nouveau sa baguette; cette fois, le mur de la prison s'ouvrit entièrement. Azur vit dans le lointain un palais dont les murs étaient en argent; sur les marches, des pages et des jeunes filles venaient au-devant de lui.

— « Tout ceci t'appartiendra, » dit Nigrane, et elle fit briller un soleil resplendissant aux yeux du prisonnier; une bouffée d'air embaumé vint jusqu'à ses lèvres.

— « De l'air! » s'écria-t-il, « la liberté!... » et il sentit ses chaînes qui l'attachaient durement.

— « Dis un mot, tu es libre, » reprit Nigrane; « renonce à Candour, évite une mort inutile...

— « Non, » répondit Azur, « non, j'appartiens à Candour, dussé-je périr à son service!... Retire-toi, méchante!... »

La vision s'évanouit, le mur se referma; plus d'air, plus de soleil, ni de palais, ni de jeunes amis.

Nigrane était encore là, furieuse.

— « Insensé! » dit-elle, « je me vengerai de ton mépris; meurs donc, meurs dans la nuit où je te laisse. »

Elle frappa du pied la terre, et disparut. Azur se retrouva seul dans l'obscurité de son cachot.

— « Oh! ma chère Candour, » s'écria-t-il, « jamais je ne vous abandonnerai, vous qui m'aimiez si tendrement.

— « C'est bien, fidèle Azur, » murmura une voix argentine au fond de la prison.

Azur était retombé sur la terre; cette épreuve l'avait

brisé; l'air qu'il avait respiré un moment rendait plus affreuse l'atmosphère de son cachot; l'effort par lequel il avait résisté au désir de la liberté avait épuisé son énergie. Il sentit sa lyre d'or qui résonnait sous sa main, un sourire effleura ses lèvres pâlies, il murmura le nom de Candour, et puis il s'endormit.

CHAPITRE VIII

LE ROI DES GÉNIES

Sans oublier son chagrin, le roi d'Orcadie préparait des fêtes pour recevoir dignement le roi des Génies.

Il avait fait orner les maisons d'Agapolis de guirlandes de fleurs; un tapis de velours rouge était étendu depuis la place du palais jusqu'aux portes de la ville. Salem alla lui-même au-devant du maître du monde jusqu'à l'entrée d'Agapolis; là, il mit pied à terre, et s'avança, tête nue, à la tête de ses troupes, jusqu'au char du roi des Génies; celui-ci venait, traîné par douze licornes blanches, et suivi de cent pages montés sur des griffons.

Le Roi des rois reçut Salem dans ses bras, le fit asseoir à ses côtés, et tous deux arrivèrent dans le char jusqu'au palais, à la tête de leurs cortéges.

Des clairons, des fifres, des trompettes, résonnèrent en l'honneur du souverain, lorsqu'il descendit, servi par les génies.

Salem le conduisit sur un trône magnifique et lui dit :

— « Souverain roi de l'Univers, votre filleul se prosterne devant vous et vous supplie de protéger son peuple,

— « Votre accueil me touche, Salem ; mais, que ne m'avez-vous fait entendre, au lieu de tant de trompettes, un seul chanteur inspiré ?

— « Votre désir sera satisfait, » répondit Salem, qui se promit à l'instant de faire venir des chanteurs des quatre coins de son royaume.

Le roi des Génies visita la ville et donna sur toutes choses les plus sages conseils à son filleul.

— « Votre royaume est bien gouverné, » dit-il, « mais je suis fâché de voir que vous avez commis une grave injustice.

— « Laquelle, seigneur ? » demanda Salem.

— « Il n'est pas encore temps de vous faire connaître votre erreur... ; qu'on me conduise auprès de votre fille. »

On alla dans la chambre de la princesse, qui dormait sur son lit.

Le souverain roi s'approcha, regarda attentivement la princesse, puis il dit :

— « Votre fille est vivante ; une fée coupable abuse de sa puissance pour la tenir enchantée ; votre enfant sera réveillée lorsque vous m'aurez fait entendre le premier chanteur du monde.

— « Vous serez obéi, » dit Salem heureux de l'espoir qu'il recevait. Il fit proclamer tout de suite un édit ordonnant à tous les chanteurs du royaume de venir au palais.

Poëtes et musiciens accoururent en grand nombre; Salem les fit entrer un à un dans la chambre de sa fille, où le roi des Génies avait voulu les entendre. Après que chacun avait chanté, Salem demandait au roi des Génies s'il était satisfait.

Après avoir écouté chacun à son tour, le souverain répondait :

— « Non, ce n'est pas celui-là que je veux entendre. »

Au bout d'un certain temps, Salem commença à désespérer, car il ne restait plus de chanteur dans son royaume.

— « Salem, Salem, repens-toi, » dit alors sévèrement le roi des Génies, « n'as-tu pas condamné un innocent? n'y a-t-il plus de chanteur dans tes prisons? »

Le roi d'Orcadie se souvint d'Azur.

— « Pardon, seigneur, » dit-il, « un page est dans ma tour, parce que sa voix a causé le malheur de la princesse ; si vous daignez l'entendre, on vous l'amènera.

— « Ce jeune homme est innocent, Salem ; lui seul peut sauver ta fille ; qu'on l'amène..., je te déclare que s'il est mort par ta faute, la princesse restera toujours endormie. »

Salem frissonna, car il ignorait si le page vivait encore malgré les rigueurs de sa captivité.

Azur était couché sur la paille, quand le capitaine des gardes vint le chercher. Il pensa qu'on allait le faire mourir, et il s'y résignait, lorsque ses chaînes lui furent enlevées ; on le porta de son cachot à la chambre de la princesse.

Le jour, qu'Azur n'avait pas revu depuis l'apparition de Nigrane, éblouit ses yeux ; ses membres meurtris s'affaissèrent, et il tomba inanimé aux pieds du roi des Génies.

— « Vois ton œuvre, Salem, » dit celui-ci d'une voix terrible.

— « Grâce ! » s'écria le roi d'Orcadie, et tous les assistants crièrent : « Grâce ! » avec lui.

Le Roi des rois toucha Azur de son sceptre, et aussitôt le page se releva vivant devant lui.

— « Azur, » dit-il, « je ne t'avais pas abandonné,

mais j'ai permis qu'on éprouvât ta fidélité ; tu as résisté non-seulement aux dangers, mais à la séduction : tu es digne d'être heureux, mon cher fils. Je t'enseignerai le moyen de sauver Candour, que tu peux seul ramener en Néolie. Tu subiras encore des épreuves, mais sois toujours fidèle, je t'aiderai moi-même. »

Azur était au pied du trône ; le roi des Génies le pressa dans ses bras ; puis, se tournant vers Salem, il dit :

— « Voici celui qui peut guérir ta fille, et c'est ta victime !

— « Pardonnez-moi, Azur, » s'écria Salem.

Le page avait l'âme trop belle pour garder de la haine ; il prit la main de Salem en disant qu'il était prêt à réveiller la princesse.

— « Eh bien, » dit le roi des Génies, « prends ta lyre ; elle peut détruire le pouvoir de Nigrane. »

Azur se dressa devant les rois, et il chanta ; sa voix charma le Souverain de l'Univers qui l'écoutait avec tendresse.

Peu à peu la princesse ouvrit les yeux, s'accouda sur son lit, en murmurant ;

— « Quelle musique céleste !... »

Salem s'élança près de sa fille ; il ne pouvait se lasser de la revoir vivante et rendue à la raison ; il la tenait sur son cœur et ne la quittait que pour embrasser Azur, en l'assurant de sa reconnaissance. Néluf, dans un coin, pleurait de joie.

Ce fut un moment de bonheur, suivi de réjouissances publiques par tout le royaume.

Azur était le premier fêté. Salem inventa toutes sortes d'honneurs pour lui faire oublier le passé ; mais, au milieu de son triomphe, le page fidèle pensait sans cesse à Candour.

Le troisième jour des fêtes, le roi des Génies devant retourner dans son céleste royaume prit Azur par la main et lui dit :

— « Je vais te faire conduire près de Candour par un de mes griffons ; si tu rencontres de grands obstacles, songe à moi qui te protégerai. Lorsque tu auras délivré la reine, ne lève pas le voile qui couvre son visage ; tu la reconnaîtras d'ailleurs à sa couronne de roses. Le griffon vous reconduira près de la Néolie, si tu es vainqueur.

— « Je ne crains rien, » répondit Azur, « puisque

j'ai la protection du Roi des rois ; adieu, mon seigneur, me voici prêt à partir selon vos ordres. »

On amena le griffon ailé dans la cour du palais ; Azur s'élança sur son dos, après avoir pris congé du roi des Génies, de Salem, et de Néluf qui vivait près de lui depuis sa sortie de prison ; ce dernier promit au page d'aller le voir en Néolie aussitôt qu'il y aurait ramené Candour.

CHAPITRE IX

LA TOUR DE NIGRANE

Le griffon s'éleva dans les airs à une grande hauteur; Azur avait l'esprit si rempli des paroles du roi des Génies, qu'il ne fut nullement effrayé.

Il tenait d'une main sûre les rênes de sa monture, et de l'autre il s'appuyait sur sa lyre d'or. Le griffon passa d'un vol rapide par-dessus bien des villes, des fleuves et des montagnes, sans ralentir sa course aérienne. Azur respirait avec bonheur l'air vif des nuages; il se souvenait de son cachot sombre, et trouvait du plaisir à voyager au-dessus des demeures humaines. Candour était l'objet de ses préoccupations ; il ne pouvait soutenir la pensée de sa longue captivité, son coursier rapide lui paraissait encore trop lent.

Cependant Azur arriva au-dessus d'une plaine rocailleuse, sans arbre, sans verdure, où s'élevait une grande tour. Là, le griffon tournoya sur lui-même et s'abattit en droite ligne.

Azur mit pied à terre ; il s'aperçut alors qu'un large fossé le séparait de la tour, et ce fossé était rempli de flammes d'où montait une épaisse fumée.

— « Voilà la prison de Candour, » se dit le page ; « je pourrais m'élever jusqu'à la fenêtre sur mon griffon, mais les flammes l'empêcheront de voler au-dessus du fossé. »

Comme il rêvait à cet obstacle, un hideux dragon volant parut dans le ciel ; il portait sur son dos la fée Nigrane qui sillonnait les nuages sombres avec sa baguette de feu ; elle poussa un cri aigu, et deux autres dragons sortirent du fossé enflammé. Sur le dos du premier, un géant agitait ses grands bras ; les trois monstres poussèrent d'affreux rugissements.

Le griffon s'était envolé de frayeur; Azur se vit sans défense contre ses terribles ennemis; ils s'avançaient vers lui à la voix de la maudite fée.

Inutile de vouloir fuir, car les monstres auraient aisément rattrapé un homme à la course; d'ailleurs, Azur était brave, cette pensée ne lui vint pas. Il ramassa une grosse pierre et la lança à la tête du premier dragon; celui-ci ne recula pas, sa peau écailleuse n'était pas même entamée par le coup; rendue seulement plus furieuse par l'attaque, la hideuse bête rugit en se tordant.

Le géant brandit sa lance, qu'il dirigea contre Azur. Heureusement, ce dernier sauta lestement de côté, de sorte que l'arme du géant glissa sans le blesser sur sa tunique de soie.

Alors le dragon, tout près du page, ouvrit une large gueule pour l'engloutir; ses dents pointues allaient saisir leur proie, c'en était fait d'Azur, lorsque, saisissant sa lyre d'or, il se mit à chanter résolûment en face de la mort.

O merveille! le monstre recula en entendant les sons enchantés, plus terribles à son oreille que la voix de Nigrane; à mesure qu'Azur chantait, les dragons se tordaient sur eux-mêmes et le géant pleurait de rage, tandis que la fée Nigrane s'éloignait dans les nuées. Malgré leur colère, ils ne pouvaient vaincre la puissance de la lyre d'or. A la fin, le géant expira étouffé par les dragons, et Nigrane disparut au milieu des éclairs.

A la vue de ce prodige, Azur embrassa sa lyre avec transport; il rappela le griffon que les monstres effrayaient malgré leur mort.

Nigrane était vaincue; mais, après avoir senti la joie de sa victoire, Azur se vit dans la même anxiété, ne sachant comment pénétrer dans la tour. Le fossé était partout d'une égale largeur, partout rempli de flammes. Azur tournait vainement tout autour, ne sachant à quoi se résoudre, et le soir vint, sans amener aucun changement à son état.

Le lendemain, Azur se réveilla dès l'aurore.

— « Commençons, » se dit-il, « par découvrir en quel endroit de la tour la reine est captive. »

Il fit le tour du fossé en chantant un air connu de Candour ; alors, il aperçut à une étroite fenêtre, tout en haut de la tour, une forme blanche, voilée, couronnée de roses.

— « Voici Candour ! Oh ! ma fée chérie, je vous retrouve enfin. » — Azur sentit plus d'émotion qu'à toutes ses aventures ; il se fit un porte-voix de ses deux mains, les tournant vers la reine.

— « Comment parvenir jusqu'à vous? » cria-t-il.

Candour disparut, puis elle revint avec un papier à la main, qu'elle lança avec force ; hélas ! le papier fut roussi par les flammes avant d'atteindre le sol.

— « Ne pouvez-vous parler? » demanda le page.

Candour secoua la tête négativement.

— « Eh quoi ! ne suis-je arrivé jusqu'ici que pour assister au malheur de la reine? Puissant roi des Génies, inspirez-moi !..... »

Azur prit sa lyre, et chanta une prière, la plus belle du monde ; aux dernières notes de son chant, il vit des lettres de feu briller sur le mur de la tour. Malgré la fumée, le jeune homme lut ces mots :

La porte de la tour est dans les flammes.

— « Que signifient ces paroles ? » se dit-il en avançant sur le bord du fossé. « Je ne peux pénétrer à travers les flammes sans mourir... ; est-ce pour me décourager que ces lettres sont écrites ? — mais non, j'ai invoqué le roi des Génies qui ne trompe jamais ; que faire ?... »

Azur chercha vainement un chemin quelconque dans le fossé plein de feu.

Lassé de ses recherches, désespéré, il voyait l'impossibilité d'attendre, avec des mûres sauvages pour toute nourriture, et l'impossibilité non moins grande, de trouver une porte au fond d'un précipice brûlant. Cependant il ne pouvait supporter l'idée de s'éloigner.

— « Mieux vaut périr aux pieds de Candour, » se dit-il. « Puisque la porte de la tour est dans les flammes, j'y parviendrai mort ou vif !... » et le courageux jeune homme s'élança dans le précipice, en tenant sa lyre serrée contre sa poitrine.

Il sentit d'abord une chaleur brûlante à travers l'étourdissement de sa chute, mais les flammes s'écartèrent devant la lyre d'or; au lieu de mourir, comme il s'y attendait, Azur arriva sain et sauf au fond du gouffre.

Là, il se trouva dans les ténèbres, devant une petite porte de fer; à peine remis de son étonnement, le page essaya d'ouvrir à tâtons la serrure hermétiquement fermée. Il n'y avait point de clef, la porte était trop solide pour être enfoncée; Azur la frappa de sa lyre d'or, et aussitôt elle roula sur ses gonds.

Le page fit plusieurs pas en avant; peu à peu, il distingua dans l'obscurité une personne assise sur la première marche d'un escalier. C'était Nigrane, dont la couronne fumante remplissait ces lieux de nuages étouffants.

La fée se dressa en voyant Azur, elle étendit les bras devant lui.

— « Je vais délivrer ta victime, » s'écria le page, en essayant de lutter contre Nigrane; mais celle-ci le repoussa, et sans répondre, elle agita sa baguette sur la tête d'Azur qui se sentit brûler à l'instant d'un feu intérieur. Il poussa un cri de douleur en fléchissant, ses forces l'abandonnèrent; la souffrance le domptait, pendant que Nigrane joyeuse prononçait des paroles magiques en langue inconnue.

Par un suprême effort, Azur en tombant fit encore résonner sa lyre. Aussitôt ses membres reprirent leur vigueur, la douleur cessa, le page se releva au son harmonieux, répété par l'écho de la tour.

Nigrane tressaillit. Alors, elle évoqua inutilement tous les génies du mal pour détruire la lyre immortelle qui triomphait de sa puissance.

— « Sans le roi des Génies tu n'aurais pas la victoire! » s'écria la fée, en se sentant vaincue.

Azur, fort et calme, s'avançait en chantant, et Nigrane reculait devant lui. La lutte devenait impossible à soutenir pour la coupable, que la rage seule animait encore. A mesure que la lyre résonnait, la fée chancelait en montant les marches de l'escalier. Entendre la voix d'Azur était pour elle le plus affreux supplice; lorsqu'il la toucha de sa lyre d'or, Nigrane tomba anéantie.

CHAPITRE X

DÉLIVRANCE

Sans s'arrêter à contempler Nigrane à ses pieds, Azur grimpa lestement l'escalier de la tour.

Il arriva tout en haut en face d'une étroite cellule. Là était Candour.

La joie d'arriver près d'elle empêcha d'abord Azur de rien voir ; il tomba aux genoux de la reine, en pressant son voile sur ses lèvres.

Candour le releva doucement :

— « Azur, mon enfant, mon sauveur!... à quels périls vous avez échappé! quel courage fidèle vous avez eu!... »

Azur trouvait sa récompense fort au-dessus de ses peines.

— « Je reverrai votre visage, » dit-il; « déjà votre présence m'a fait tout oublier.

— « Mais moi, Azur, je n'oublierai rien. J'étais si malheureuse, que je maudissais mon immortalité ; si ma qualité de fée m'a empêché de succomber, je n'ai pu échapper au changement que Nigrane m'a fait subir; ni mon visage, ni mon pouvoir, ne me sont encore rendus; souffrez que je garde ce voile épais qui me cache à vos yeux. »

Azur assura la reine de sa respectueuse obéissance; il se souvenait d'ailleurs de la recommandation du roi des Génies, et il voyait avec tristesse que Candour était plus grande qu'autrefois. Lui-même avait beaucoup changé depuis le jour où ils s'étaient quittés en Néolie; il n'avait plus les grâces ni la joie de l'enfance. Cette pensée le fit soupirer; Candour feignit de ne pas l'entendre, de crainte d'ajouter à ses regrets.

— « Puis-je sentir de la tristesse auprès de Candour? » songeait Azur, et il arrêta ses pensées.

— « Venez, reine aimée, » dit-il, « venez délivrer vos sujets de l'état affreux où ils sont réduits.

— « Oui, Nigrane m'avait laissé le supplice de connaître la vérité; j'ai vu mes sujets transformés, mon royaume méconnaissable ; j'ai longtemps pleuré en vous attendant.

— « Oubliez ces malheurs, chère marraine ; Nigrane est vaincue, vous allez rendre tout un peuple heureux. »

Azur prit Candour par la main ; à cet instant, il aperçut le griffon qui volait au bord de la fenêtre ; les flammes du fossé n'existaient plus.

Le page mit le pied sur le balcon, saisit la bride du griffon et sauta sur son dos ; puis il aida la reine à monter en croupe derrière lui, et ils voyagèrent ainsi rapidement. Lorsque la reine voulait se reposer, Azur faisait descendre leur monture ; il cherchait un abri dans un site agréable, et, après s'être reposés, tous deux repartaient sur le dos du griffon.

Le page ne chercha jamais à écarter le voile de la fée ; il respectait la volonté du roi des Génies, malgré l'embarras attristé qu'il éprouvait à causer sans voir Candour.

Après avoir parcouru la moitié du monde (car la

tour de Nigrane était au bout de la terre), Azur et sa marraine arrivèrent dans les airs au-dessus du bord de la mer; leur griffon descendit, et ils s'arrêtèrent.

Azur reconnut la plage où il avait abordé en Orcadie, sur le dos d'un dauphin.

Le griffon, qui jusque-là les avait si bien conduits, s'écarta brusquement, s'envola et disparut en peu d'instants dans les nuages du ciel.

— « Nous sommes donc au terme du voyage, » dit Azur, « mais comment traverserons-nous la mer? »

Candour était aussi embarrassée que lui; elle ne devait reprendre sa puissance que dans la forêt enchantée; jusque-là, elle n'en savait pas plus long qu'une simple mortelle.

Il n'y avait nulle espérance de trouver un bateau sur une plage déserte; Azur songea bien à nager, mais la distance à parcourir était trop grande pour les forces d'un homme; Candour était désolée.

— « Faudra-t-il périr si près de la Néolie, » disait-elle, « le dessein que vous avez eu de me sauver doit-il vous conduire à la mort, malgré la victoire?

— « Cessons de nous plaindre, » interrompit Azur, « craignons d'offenser le roi des Génies qui nous protége; la lyre d'or m'a sauvé tant de fois que je ne saurais douter de son secours. »

Il la fit résonner encore; aussitôt le dauphin, son ami d'autrefois, montra ses écailles brillantes à travers les vagues; il s'avança près du rivage, de sorte qu'Azur put aisément s'asseoir sur son dos avec la reine.

Le beau poisson ainsi chargé nagea comme s'il n'avait eu qu'une plume sur le dos; Candour bénissait la confiance de son page.

La mer unie comme le ciel les porta doucement;

Nigrane vaincue ne pouvait plus envoyer un orage à leur poursuite, aussi les deux voyageurs abordèrent aisément sur la rive opposée, en face de la forêt de Luciole.

— « Merci, seigneur dauphin, » dit la reine en mettant pied à terre; « pour vous marquer ma reconnaissance, je vous fais don de l'immortalité; votre nom me sera si cher, que je le veux donner aux fils de rois pour les honorer. »

Le poisson fit la révérence, puis il retourna au fond de la mer.

Azur revoyait enfin la forêt enchantée qu'il avait quittée sans connaître le sort de Candour. La grille était ouverte, le page et la reine arrivèrent promptement sur les gazons verts; ils choisirent un endroit à l'abri du vent pour s'y reposer, car la nuit approchait.

Lorsqu'ils furent assis l'un près de l'autre, dans cette forêt tant aimée d'eux, Azur et la fée furent étonnés de ne pas éprouver toute la joie qu'ils s'étaient promise. Un obstacle imprévu leur ôtait cet abandon qu'ils avaient autrefois goûté en Néolie; était-ce le voile épais qui cachait la reine? ou l'enfance disparue ?... Azur ne sentait plus dans son cœur ce bonheur vif, cette rayonnante liberté du temps passé ; il ne jouissait guère que par le souvenir.

Candour, la première, rompit le silence :

— « Je connais vos pensées, » dit-elle, « espérons tout de l'avenir, il nous rendra cette gaieté de la première jeunesse que vous regrettez. En attendant, je veux vous conter ce que j'ai souffert depuis notre séparation.

— « Lorsqu'après ma défaite, une machine à vapeur m'entraîna loin de vous, je me crus à jamais victime de Nigrane ; je fus enfermée dans la tour, et la parole me fut ôtée. Un miroir magique, seul ornement de ma prison, me faisait assister à tous les maux causés par mon ennemie. Que devins-je à la vue de mes sujets transformés en vieillards ! de mon royaume fleuri changé en usine, sans arbres, ni verdure !... Enfin, je vous vis partir ; votre dévouement me rendit l'espérance, mais vos dangers m'ont fait verser bien des larmes ; je vous ai suivi par la pensée, j'ai souffert avec vous, et mon plus grand supplice était de ne pas pouvoir vous secourir.

— « Vous voyez, Azur, que ma reconnaissance

doit être grande, puisque toutes vos actions me sont connues; elle est telle que vous la pouviez souhaiter, rien ne saurait l'augmenter.

— « Ma chère marraine, » dit Azur, « j'ai fait une chose naturelle; vous êtes ma famille, mon pays, le bonheur de tous, et, vous le savez, sans vous, Azur n'aurait pu vivre. »

Candour lui tendit la main, ils restèrent en silence à songer l'un à l'autre; puis la reine étant lasse se coucha sur l'herbe et s'endormit, pendant que son page veillait à ses côtés.

La nuit calme s'étendit, l'air agitait à peine les feuilles argentées par la lueur des étoiles. Tout en regardant le ciel, Azur rêvait à son enfance; il songeait à cette jeune Candour qu'il avait autrefois connue : était-ce bien la même qu'il gardait voilée près de lui? et la forêt n'avait-elle pas changé aussi? Ses yeux se mouillèrent de larmes en invoquant le roi des Génies, mais ces larmes causées par le regret du passé n'étaient pas sans charme. Azur pressentait le bonheur sans y toucher encore.

Le temps perd sa mesure lorsqu'on le remplit avec certaines pensées pénétrantes; aussi, pour Azur, la nuit passa vite. Quand, vers le matin, l'alouette se mit à chanter, le page s'aperçut qu'il avait longtemps rêvé ; une extrême fatigue s'empara de lui, et il s'endormit à son tour profondément.

Azur fut tiré de son sommeil par un rayon du soleil plus ardent que ceux de l'aurore. Il aperçut avec surprise un lac qui brillait à travers les arbres des reflets du ciel, et qu'il n'avait pas vu la veille.

Étonné, le page courut dans cette direction ; il se sentait les membres dispos, le cœur en fête, je ne sais quelle disposition souriante à tout admirer. Tout en avançant près du lac, Azur remarqua que ses brodequins d'or avaient fort diminué pendant son sommeil, sans pourtant le gêner davantage ; sa lyre pesait plus à son bras, et sa tête passait sans se baisser sous les branches des arbres.

— « Qu'est-ce donc ? » se dit-il, « aurais-je changé de nouveau ? »

Azur s'approcha du bord de l'eau qui lui renvoya son image ; non plus celle d'un homme, mais bien celle d'un enfant presque adolescent, aux joues roses, aux yeux limpides, tel enfin qu'il était avant de quitter la forêt enchantée.

L'émotion de se revoir ainsi fut si vive, qu'Azur se raccrocha à une branche d'arbre pour ne pas trébucher dans le lac.

— « Que je suis heureux ! » s'écria-t-il, « puissant roi des Génies, vous m'avez donc entendu ! »

Le page se pencha de nouveau pour revoir sa figure d'enfant ; alors il aperçut dans l'eau une image bien connue, qui se reflétait à ses côtés. C'était un blanc visage de petite fille, une taille souple et gracieuse, de blonds cheveux couronnés de roses.

Azur se retourna vivement ; sur son épaule, il avait senti s'appuyer une petite main. Candour était près de lui, Candour la reine fée, jeune et sans voile une comme autrefois.

Ils se jetèrent dans les bras l'un de l'autre, leurs paroles entrecoupées se mêlaient dans leur innocente ivresse.

Les deux enfants avaient mille choses à se dire, il semblait qu'une barrière les eût séparés jusqu'alors ; la gêne de la veille avait disparu pour faire place à une joie libre et complète.

— « Jouissons de notre délivrance, » dit Candour, nous possédons le bonheur avec la conscience de ce qu'il vaut. Mon pouvoir m'est rendu, voici ma baguette de fée, je puis encore faire des heureux. »

La main dans la main, Azur et la fée parcoururent les sentiers de la forêt : les oiseaux chantaient sur leurs têtes, toute la nature était joyeuse comme eux. Candour touchait les buissons de sa baguette reconquise, et les buissons se couvraient de fleurs parfumées; sur la lyre d'Azur, les rossignols venaient se poser.

Ils atteignirent ainsi le grand chemin où se trouvait un char attelé de quatre chèvres, et précédé de jeunes gardes envoyés par Luciole.

La reine et son page ayant pris place dans le char, furent conduits jusqu'au palais de l'aimable fée, qui les attendait avec sa sœur Harmonia et tous les princes de la forêt.

Quel plaisir de se revoir gaiement lorsqu'on s'est quitté malheureux !

Chacun s'associait à la victoire d'Azur, à la délivrance de Candour : mie Chevrette faisait la cabriole autour de sa maîtresse ; les princes Chevreuil, Rossignol et Lézard étaient fiers du triomphe de leur ami et lui faisaient mille caresses; Biche et Fauvette se joignaient à leur tendresse sans envie; ils repassaient un à un les souvenirs de leurs adieux, pour rendre plus sensible leur bonheur présent.

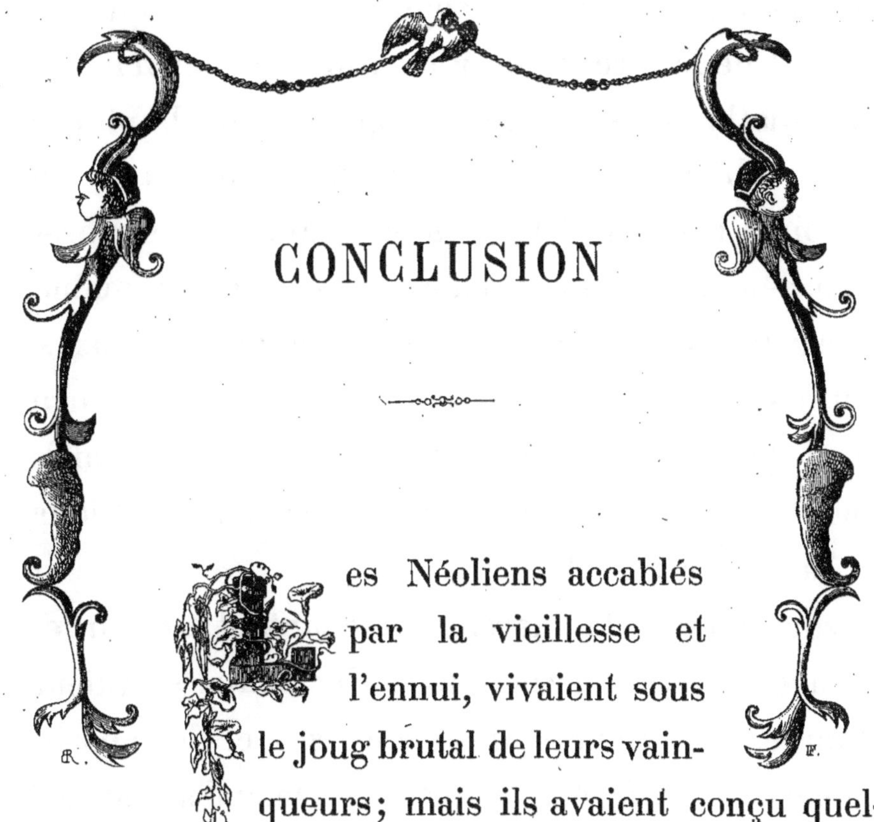

CONCLUSION

Les Néoliens accablés par la vieillesse et l'ennui, vivaient sous le joug brutal de leurs vainqueurs; mais ils avaient conçu quelque espérance de l'absence prolongée de Nigrane.

Bluet le premier apprit la délivrance de Candour par un des princes de la forêt.

Une si grande nouvelle ne fut pas entièrement crue par des gens trop misérables pour se réjouir facilement. Pour éclaircir leurs doutes, Bluet et ses amis résolurent d'ouvrir la porte de Néolie sur la forêt enchantée.

Alors, les Néoliens vinrent chaque jour sur la route

par groupes nombreux, tâchant d'apercevoir quelque habitant de la forêt et de recueillir des nouvelles.

Un matin qu'ils étaient là, appuyés pour la plupart sur leurs bâtons de vieillesse, ils distinguèrent au loin des points brillants à travers les branches des arbres. Peu à peu, ces points devinrent des formes humaines vêtues de couleurs claires ; des sons merveilleux se firent entendre, et tout un cortége splendide apparut.

Les Néoliens faillirent mourir de joie et de saisissement en reconnaissant au milieu la reine Candour, sur sa chèvre blanche.

Azur ouvrait la marche en chantant un air de fête avec sa lyre d'or ; Luciole, Harmonia, suivaient, entourées des princes, des princesses et de tous les animaux de la forêt ; les oiseaux étaient accourus à tire d'aile, pour accompagner la reine de Néolie ; ils formaient au-dessus d'elle un dais aérien de la plus merveilleuse beauté.

Quelle vue pour un peuple mourant qui se croyait abandonné !

Chacun courut au-devant de cette reine chérie, qui touchait de sa baguette tous les arrivants, et leur rendait ainsi la jeunesse. Bluet eut à peine reprit son visage d'enfant qu'Azur le reconnut et se jeta dans ses bras.

L'air retentissait de cris de joie ; on ne vit jamais un si bel assemblage de gens heureux. La chèvre de Candour piétinait sans avancer également, à cause de la foule qui voulait voir la reine et se faire rajeunir. A la fin, il n'y eut plus trace de cheveux blancs, et Candour arriva dans la ville à travers son peuple enfant.

Là, elle toucha de sa baguette les usines enfumées, qui redevinrent palais : les arbres et les fleurs repoussèrent de tous les côtés, à vue d'œil.

A ce spectacle, l'ivresse générale atteint son comble ; on porta la reine en triomphe, avec Azur, jusqu'au balcon du palais royal.

Tout à coup parut dans les airs un char de feu qui

s'abaissait vers la terre; c'était le roi des Génies qui venait dans sa gloire assister au bonheur de la Néolie.

Candour reçut le grand roi et lui fit prendre place sur son trône; puis, s'inclinant vers lui, elle dit en souriant :

— « Seigneur, quelles que soient notre félicité et la part que je dois à vos bienfaits, j'ai encore une grâce à vous demander.

— « Parlez, ma chère Candour, que puis-je ajouter à votre bonheur ?

— « Je crois, seigneur, que vous devinez ma prière, » repartit la reine en rougissant; « accordez l'immortalité à mon cher Azur. Permettez que je le fasse roi de Néolie, je ne veux régner qu'avec lui.

— « J'attendais de vous ce vœu, » répondit le roi des Génies; « un cœur comme le vôtre sent le prix de la reconnaissance. Qu'Azur partage votre trône, je lui fais don de l'immortalité. »

Azur et la fée Candour furent unis par le roi du monde, qui les pressa dans ses bras en les nommant ses plus chers enfants.

Le nouveau règne fut proclamé au milieu des vivats de tout le peuple. Une fête telle qu'on n'en avait jamais vu, même en Néolie, consacra ce beau jour, et finit par le couronnement du nouveau roi.

Bluet devint page, et le bon Néluf arriva tout exprès pour entendre la lyre d'or et pour être nommé grand astrologue du royaume.

Nigrane vaincue fut enfermée dans les entrailles de la terre.

Azur règne encore ; il régnera toujours dans son immortelle jeunesse, avec sa chère fée Candour. La lyre d'or fait sans cesse leurs délices. Luciole, Harmonia, tous les génies bienfaisants de la forêt forment autour d'eux une douce et belle société, que le roi des Génies vient souvent visiter ; il se plaît à écouter la voix d'Azur et sa lyre, qui sont toujours les merveilles du monde.

TABLE

FIN DE LA TABLE

Corbeil, typ. et stér. de Crété fils.

www.ingramcontent.com/pod-product-compliance
Lightning Source LLC
LaVergne TN
LVHW020337230826
846091LV00003B/909